सन् 1928-29 के आसपास निराला जी जिस मुक्तछन्द की प्रस्तावना लेकर आये उसका आशय यही था कि कविता का मुक्ति-संघर्ष किसी भी अर्थ में जातीय मुक्ति-संघर्ष से अलग नहीं। यह मुक्तछन्दता जब वैचारिकता के दबाव में फ़ैशन बनने लगी तब केदारनाथ अग्रवाल, नागार्जुन, त्रिलोचन, धूमिल जैसे सहज कवियों में ही सार्थकता का यह काव्य-सौन्दर्य वापस आ सका। समकालीन साहित्य की भीड़ में भीड़ के भीतर के नंगे यथार्थ को, असाधारण साहस और सामूहिक जातीय अवचेतन की काव्य-परम्परा को एक बार फिर अष्टभुजा शुक्ल जैसे कवि-व्यक्तित्व की निजता ने अपनी सर्जना से प्रमाणित किया है।

अष्टभुजा शुक्ल की काव्य-व्यंजकता और सम्प्रेषणशीलता में लोक और शास्त्र एक दूसरे से सटकर कुछ वैसे ही खड़े हैं जैसे कुमार गन्धर्व के कबीर गायन या फिर पुनर्नवा (हजारी प्रसाद द्विवेदी) की कथा-दृष्टि में। अष्टभुजा की कवि-यात्रा में लोक का जो वंचना- बोध है, वह इस अतिराजनीतिक समय के विरुद्ध एक सांस्कृतिक वक्तव्य की तरह है। पश्चिम से आये विचारों और काव्यान्दोलनों के कुप्रभाव से कवि और कविता का जो रहन-सहन बेपटरी हो गया था। उस स्वदेशीयता को अष्टभुजा के कवि ने इतने साहसिक ढंग से सँजोये रखा कि उसे आलोचक के शरणागत होने की ज़रूरत नहीं रही।

सन् 1930 में भवानीप्रसाद मिश्र ने 'जिस तरह हम बोलते हैं उस तरह तू लिख' की चुनौती कविता के सामने रखी थी तो महान शायर मीर ने- 'शेर मेरे हैं गो ख़वास-पसंद/पर मुझे गुफ़्तगू अवाम से है' के जरिए कविता के अभिप्रेत को व्यक्त किया था। अष्टभुजा की काव्य-अभिव्यक्तियों में जनपदीयता की वही गंध, छन्द और व्यंजना मौजूद है।

इस कवि की काव्य-यात्रा का निरन्तर साक्षी, कहिए निजी जीवन में गहरी अन्तरंगता के चलते भी ठेठ देशी भूमि की ठाठदार निगाह 'वाले' भाषा कवि अष्टभुजा शुक्ल अगर अब भी चाह लें तो हमारी समकालीन काव्य-पीढ़ी का एक माडल कवि बन सकने की सामर्थ्य प्रदर्शित कर सकते हैं। यह उम्मीद मुझे इसलिए भी है कि भाषा की अयाल को अपनी मुट्ठियों में कसे अष्टभुजा के पास पाण्डित्य सरसता भी है। आम हिन्दी पाठकों को 'रिझाने' की कला से भरे हुए, साथ ही ख़ास पाठकों और आलोचकों को भी आश्वस्त करते हुए अष्टभुजा जो कुछ रफ-टफ और मोहक कर रहे हैं, उसके पीछे हज़ारों साल से चली आ रही काव्य-परम्परा का लोकवादी भावबोध और काव्य-भाषा की चमत्कारी पुनर्नवता भी है। शुभकामनाओं सहित।

—विजय बहादुर सिंह

29, जून 2010, कोलकाता

प्रातः05 से 8:39 तक

चैत के बादल

अष्टभुजा शुक्ल

वाणी प्रकाशन

प्रकाशन के उत्कृष्टतम 62 वर्ष

vaniprakashan.com

पेपरबैक प्रथम संस्करण : 2025

वाणी प्रकाशन

4695, 21-ए, दरियागंज, नयी दिल्ली-110 002

फ़ोन : +91 11 23273167, 23275710

शाखाएँ

अशोक राजपथ, पटना-800 004, बिहार

कॉफ़ी हाउस कैम्पस, महात्मा गांधी मार्ग, प्रयागराज-211 001, उत्तर प्रदेश

महात्मा गांधी अन्तरराष्ट्रीय हिन्दी विश्वविद्यालय, वर्धा-442 001, महाराष्ट्र

sales@vaniprakashan.in

vaniprakashan@gmail.com

Chait Ke Badal

by Astbhuja Shukla

ISBN : 978-93-6944-368-0

Poetry Collection

मूल्य : ₹ 295

आर. टेक ऑफ़सेट, दिल्ली-110 032 में मुद्रित

वाणी प्रकाशन का लोगो मक़बूल फ़िदा हुसैन की कूची से

रेनू

और पुश्तैनी हलवाहे रहे
स्व. कबिलास महरा को याद करते हुए

पूर्वकथन

हुआ यह कि मेरे सृजन के आरम्भ में ही, थोड़ा आगे-पीछे करके, हिन्दी के समकालीन परिदृश्य में एक साथ तीन पुस्तकें दाख़िल हुईं। और तीनों के केन्द्र दिल्ली के इधर-उधर रहे। 'पद-कुपद' प्रथमतः कविता केन्द्रित पत्रिका 'उन्नयन' (सं. हमारे शुभेच्छु श्रीप्रकाश मिश्र) की सहपुस्तिका के रूप में और, कविता-संग्रह 'चैत के बादल' एवं ललित निबन्ध-संग्रह 'मिठउवा' प्रायः जुड़वाँ के रूप में एक साथ रामकृष्ण प्रकाशन, विदिशा (म.प्र.) से प्रकाशित हुए। मेरे जैसे तब नये लेखक के साथ यह रिस्क उस प्रकाशन के मुख्य सलाहकार हिन्दी के अनोखे अनूठे कवि शलभ श्रीराम सिंह के बूते की ही बात थी। लेकिन शलभ जी ने अवधीभाषी क्षेत्र का नागरिक होने की बिना पर ही मैत्री का यह कारनामा कर डाला। उनका पुण्यस्मरण करते हुए आँखें नम हो जा रही हैं। खैर!

दुर्योग यह कि 'चैत के बादल' और 'मिठउवा' के प्रकाशन के कुछ ही वर्षों बाद टूटते-टूटते रामकृष्ण प्रकाशन पूरी तरह टूट गया और उसके कुछ ही वर्षों बाद शलभ जी ने भी हिन्दी संसार को अलविदा कह दिया। उनकी ऐसी स्मृति के उमड़ने का एक कारण यह भी है कि अपनी यायावरी प्रकृति के चलते उन्होंने रामकृष्ण से भी, "जयराम जी की" बोल दिया। संयोगवश उनके प्रकाशन छोड़ने के कुछ दिनों बाद ये दोनों पुस्तकें एक साथ जारी हुईं, जिन्हें वे फ़ाइनल करके गये थे। बाद में कहीं जब ये पुस्तकें उन्होंने एक साथ किसी कार्यक्रम में देखीं तो बोले–"लाओ भाई, अष्टभुजा की इन पुस्तकों को मैं छू तो लूँ।" यह मार्मिक कथन उनका तब था जब मैं वहाँ नहीं था और इस प्रकरण को बाद में मेरे शुभचिन्तकों ने मुझसे साझा किया तो...होते-होते यह भी हुआ कि ये पुस्तकें जिस भी विधि जहाँ तक पहुँच सकीं, हिन्दी के उदार और सम्मानित पाठकों ने इन्हें बड़ी आत्मीयता के साथ अपनाया। इसकी भनक मुझे देर-देर से और दूर-दूर से मिलती रही। किन्तु देखते ही देखते

ये परिदृश्य से ओझल भी होने लगीं, लेकिन शुभचिन्तकों और प्रेमास्पद पाठकों, अध्येताओं, शोधार्थियों की प्रेमिल स्मृतियों में वे पहले की अपेक्षा कल्पनातीत ढंग से क़ायम रहीं। इस नाते बार-बार इनके पुन:प्रकाशित होने के सन्देश, तगादे और उपालम्भ भी, कभी सीधे मुझ तक और कभी परोक्ष रूप से दूसरे अनेक शुभचिंतकों के ज़रिये, हम तक आते रहे।

ज़्यादातर अपना आलस्य, जिसे संस्कृत में अपना ही सबसे बड़ा रिपु कहा गया है, आड़े आता रहा तो कभी अपने भूगोल, इतिहास की सीमाएँ। लेकिन सबसे बढ़कर जतन से कभी न जीने वाली अपनी ही असहेजू जन्मजात प्रकृति के कारण ऐसा अब तक न हो सका। आलम यह कि न तो, 'चैत के बादल' और न ही 'मिठउवा' की कोई प्रति अपने पास रह सकी।

अभी पिछले दिनों एक प्रसंग में प्रयागराज (इलाहाबाद) जाने का एक अवसर सुलभ हुआ। वहाँ के साहित्यप्रेमी प्राध्यापक मित्रों, विद्यार्थियों और शोधकर्ताओं की ओर से, 'चैत के बादल' की अनुपलब्धता पर फिर-फिर प्रेम-भरे उलाहने और जिज्ञासाएँ सामने आयीं। अपनी कठिनाई बताने पर तुरन्त वहाँ के प्रोफ़ेसर–कवि वसन्त त्रिपाठी जी ने, 'चैत के बादल' की बर्षों से सहेजी अपनी निजी प्रति मेरी झोली में डाल दी। एतदर्थ उन्हें स्नेह और उनके प्रति कृतज्ञता।

अब इस कविता-संग्रह के नये संस्करण हेतु दुबारा देखते हुए कुछेक कविताओं में जहाँ-तहाँ नहन्नी लगानी पड़ रही है। कुछ शब्दों या टुकड़ों में बहुत मामूली हेरफेर करना आवश्यक जान पड़ा। किन्तु इनकी विचार-संवेदना जस की तस रहने दी गयी है, जिनमें पहलेपन की गन्ध बरकरार है। आशा है कि इसके किंचित् पाठान्तर नये संस्करण के पाठकों को और आत्मीय प्रतीत होंगे।

सम्प्रति, मुझे कविता के शुभचिंतकों और प्रेमियों को यह ख़बर साझा करते हुए परम संतोष है कि वाणी प्रकाशन के निदेशक श्री अरुण माहेश्वरी ने इसे यथाशीघ्र (बल्कि आगामी विश्व पुस्तक मेले से पहले ही) प्रकाशित करने में अपनी रुचि और तत्परता प्रकट की है। और यह भरोसा स्पष्ट दिख रहा है। अब हिन्दी के उदार पाठक वर्ग से मुँह नहीं चुराना पड़ेगा और इसी में आप सबके साथ इस लेखक की मनोकामना भी चरितार्थ होगी।

–अष्टभुजा शुक्ल

ठेठ देशज मुहावरे में कविता

अष्टभुजा शुक्ल उन थोड़े-से कवियों में हैं जिन्होंने ठेठ बोली के स्पर्श से जीवित अपने काव्य मुहावरे में आसपास के जीवन और समय को, प्रकृति और जनपद को, अपनी भीतर-बाहर की दुनिया को देखने और अभिव्यक्त करने का नया साहस दिखाया है। साहस इस अर्थ में–कि जब कविता प्राय: एक ख़ालिस सपाट गद्य में एक तरह के जाने-पहचाने यथार्थ को व्यक्त करने का अभ्यास बन चुकी हो और कविता विशेषज्ञों द्वारा उसे ही स्वीकृति मिलने की गुंजाइश हो, अष्टभुजा शुक्ल का ढंग थोड़ा पुराना और अटपटा है और शहरी चतुराई से अलग ठेठ देशज ज़मीन पर ही मज़बूती से टिका हुआ है। अष्टभुजा शुक्ल लोक-संवेदना और लोकभाषा से जैसी गहरी सम्पृक्ति दिखाते हैं, वह कविता का नया लोकोन्मुख मुहावरा विकसित करने में सबसे अधिक सहायक है। वे बैठे ठाले उक्ति वैचित्र्य-सरीखी काव्य विडम्बना में आत्मतुष्टि अनुभव करने वाले कवि नहीं हैं। उनकी कविता का ढंग व्यंग्य और करुणा, क्रोध और विक्षोभ, राग और घृणा के संगठन और तनाव में कहीं फक्कड़ सन्तों का बेलौसपन लिये हुए है, कहीं नागार्जुन का-सा सजग और तीखा वस्तुपर्यवेक्षण। छन्द उनके समूचे काव्य मुहावरे का अभिन्न तत्त्व है। व्यंग्य, क्रोध, घृणा, क्षोभ को भी एक तरह का छन्द पाना है–अष्टभुजा शुक्ल के यहाँ। वे प्रकृति में जीवन और जीवन में प्रकृति के अनुभव को बहुत अस्पष्ट या विडम्बनापूर्ण ढंग से प्रस्तुत नहीं करते। बहुत कुछ वे सीधे-सीधे कहते हैं। यह सीधा ढंग भी ठण्डे काव्यचमत्कार से कहीं अधिक महत्त्वपूर्ण और अर्थवान है। जीवन वैविध्य ही उसे अर्थवान बनाता है।

अष्टभुजा शुक्ल प्रत्यक्षानुभूति को काव्यानुभूति का दर्जा देने वाले एक ऐसे कवि हैं, जिसकी अन्तर्वस्तु और संरचना में भाव, विचार और संवेदना घुल-मिल गये हैं। उनके काव्य मुहावरे में जो ताक़त है, वह ठेठ गँवई ढंग की अचूक बेधक

उक्तियों के लिए एक नयी जगह, एक नयी सम्भावना खोजने के संघर्ष का परिणाम है। जब इधर के काव्य विन्यास में अन्तराल मौन ख़ाली जगह जैसी युक्तियाँ रूढ़ि हो चुकी हों, स्पष्ट कथन से बचाव का ढंग आम हो, सपाट दिखने वाले गद्य की बनावट में भी स्पष्टता वर्जित हो, अष्टभुजा अपने अनुभव को बहुत साफ़ ढंग से कहते हैं। त्रिलोचन की तरह। कभी इतने साफ़ सीधे ढंग से कि पहले के ठेठ इतिवृत्त धर्मी कवि याद आने लगें, जिन्हें आचार्य रामचन्द्र शुक्ल यथातथ्यता (मैटर ऑफ़ फ़ैक्ट) का कवि कहते थे। कौन कवि आज इस काव्य मुहावरे में लिखने का जोख़िम उठायेगा! इस सफ़ाई में छिपी हुई अर्थवक्रता दूर तक जाने वाली अर्थ छवि पर तो कई बार विशेषज्ञों का भी ध्यान जाने से रहा! यह जोख़िम ही अष्टभुजा को महत्त्वपूर्ण बनाता है। दोहे-पद तो औरों ने भी लिखे हैं पर इतनी गहन अन्तर्वेदना के सान्निध्य में रहकर नहीं। अष्टभुजा का दुःख किसान का दुःख है। कभी कबीर का-सा दुःख। भीतर-बाहर बिंधा हुआ। तीखा। देर तक ठनकने वाला। यह गूँज अब कविता में उत्तरोत्तर क्षीण या विरल है!

अष्टभुजा सच्चे अर्थों में किसानी संवेदना के कवि हैं–पहले के मूल अर्थ में। अब 'किसान' कहना भर काफ़ी नहीं है। गृहस्थ जीवन के घर-परिवार वाले राज में भी वह पहचाना जाता है। सब कुछ खोकर एक उदास मंज़र देखने वाला स्वभाव भी उसमें है। लोक का अनुभव यहाँ न दुहराव या रीति है, न रोमांटिक ढर्रे का प्रगीतात्मक अलंकरण। वह यथार्थ में धँसकर जीवन की मर्मछवि का एक नया अनोखा आविष्कार है। अष्टभुजा की शब्द-सम्पदा में कितनी सम्भावनाएँ हैं, यह ठेठ बोली की पहचान से ही जाना जा सकता है। माँ के लिए कितनी ही कविताएँ याद आ सकती हैं–पर एक यह 'माँ' भी है–

चलता-फिरता गोरसहा घर थी माँ
कोई तनिक-सा जोरन डाल दे
तो दही की तरह जम जाती

कोई सम्बोधन से छकरा दे
तो मक्खन की तरह उपरा जाती
किसी को घुमरी आ जाये
तो छाछ की तरह गुड़छार हो जाती

यह 'माँ' का भावुकतापूर्ण रोमानी सामान्यीकरण नहीं है। यह उस विलक्षण

जीवन राग की पहचान है जो बाढ़, विपत्ति, विनाश, दंगों जैसी तमाम त्रासदियों के बाद भी बचा रहता है। जीवन राग महत्त्वपूर्ण है–भले ही विशेषज्ञता के क्षेत्र में इसे सन्दिग्ध, अविश्वसनीय माना जा रहा हो। जीवन राग यहाँ एक किसान का-सा निसर्ग सहज राग है। 'होरी' (प्रेमचंद) को यह राग दु:ख के चरम क्षणों में भी जीवित रख सकता था।

कुश होते धान
फिर भी जी गये
मुँह में जूठ लगने का
बँधा आगम

दोनों परानी में
बोल-चाल हो गयी

गहरे में कहीं दु:ख त्रास दैन्य ही है कि बोलचाल बन्द हो जाती है, शब्द साथ छोड़ देते हैं–जैसे पति-पत्नी एक-दूसरे का सामना न कर पा रहे हों! वहीं प्रकृति से थोड़ी-सी उम्मीद मिलती है तो जैसे वह भीतर बँधा राग हिलकोरने लगता है। यह भी तो प्रकृति का ही व्यंग्य है जो–'चैत के बादल' कविता का कथ्य है–

बिदबिदायेंगे
या पाथर छरछराकर
छिनगायेंगे पल्लव
बालियों से अन्न झारेंगे
या करेंगे कुदिन

यहाँ प्रकृति क्रूर है। निष्ठुर। पर प्रकृति में ही उसकी काट है। प्रबल प्रत्याख्यान। विपत्ति आती है। और टल जाती है। प्रकृति का रूप रंग बदल जाता है। दुनिया कुछ-की-कुछ हो जाती है। यह उम्मीद न हो तो खेती-किसानी घर-बार में खटे कौन! "द्वादशी का चाँद/चाँदी की नयी 'सेई' बना/रख उठा आकाश के खलिहान में/और तारे मटर के दानों सरीखे/छितरा गये खलिहान में/कट गये/ये 'चैत के बादल!" अकाव्यात्मक विषयों पर लगातार लिखने की धुन अष्टभुजा को नागार्जुन के-से प्रखर जनकवि की संवेदना के निकट लाती है। "बड़े आगमजानी होते हैं/ये किलनें/मरणासन्न प्राणी की मौत से/हफ़्तों पहले/उसकी गन्धाती देह/और बिखौंधे रक्त को

छोड़कर/अपने आप हो जाते हैं अलग/...।" देखें कि 'किलनें' कविता का विषय है। 'किलनों' का रहस्यभेद अष्टभुजा से पहले किस कवि ने खोला है !

अष्टभुजा शुक्ल अपने समय का बाज़ार, बाज़ार का भूमण्डलीकरण, आक्रामक सर्वग्रासी उपभोक्तावाद–यह सब देखते-जानते हैं। वे दिखाते हैं कि निर्जीव कपड़ा भी एक दिन अपनी आज़ादी की जगह खोज या पा लेता है और फिर बिकने से इनकार करता है। कैसे हैं ये जीते-जागते लोग जो आज बाज़ार के चमकीले ग्लैमर के प्रभुत्व वाले समय में दिन-रात बिकने को तैयार बैठे हैं। चोट ऐसे भी की जाती है। दृष्टान्त रूपक प्रतीक ऐसे अनजान ढंग से भी कविता में आते हैं।

कहाँ-कहाँ से कटा होगा कपड़ा
सोचो, कहाँ-कहाँ से कटा होगा, वह
तुम्हारी बाँहों को घेरने की इच्छा लिये हुए
तुम्हारे पसीने में भीगने की कामना सँजोये
तुम्हारे दिल की धड़कन सुनने की अभिलाषा पाले

और अब कितना निश्चिन्त लग रहा है कपड़ा
मानो उसे मिल गया है उसका गन्तव्य
अब उसे नहीं बिकना है किसी भी दाम पर
किन्हीं भी हाथों में
उसे फट जाना है अब इसी शरीर पर
पहनते-पहनते

पद-कुपद ढंग-कुढंग में अपने सीधे-सादे तर्क के साथ बसता है अष्टभुजा का कवि। वह साधारण को साधारणता के बीच ही अर्थात् उसकी सजीव सत्ता में पकड़ता है। कविता में उसका जनपद गाँव, घर, पिता, माँ, ननदें सब ठोस जीवन चरित्र हैं। 'ननदें' भी आती हैं तो लोकगीतों की स्मृति रूढ़ि के साथ नहीं, ठोस सच्चाई बनकर...कि आप उनकी कद-काठी, तर्जनी-तेवर समझने को मजबूर हों। यह आश्वस्ति है कि..."ननदों का/आगा नहीं रोका जा सकता अब/तर्जनी दिखाकर।" पर यह डर भी है और सवाल भी कि "ननदें/कब तक बेहन बनी रहेंगी/जो बीज से पौध बनें/किसी खेत में/और उखाड़कर रोपी जायें/किसी खेत में!" स्त्री-उत्पीड़न के असंख्य कथानक हमारे समय की ख़बर होते हैं। तमाम ताक़तें स्त्री को देह में क़ैद करके उसकी हैसियत बताने पर आमादा हैं। स्त्री अन्ततः स्त्री है। वह

सभ्य, सुसंस्कृत घरों में भी पिटती है और खाते-पीते घरों में भी जला दी जाती है। एक यह है 'ललकू बहू' जो पकी मिर्च ही थी–बिकी नहीं आज तक किसी बाज़ार में। कविता का यह प्रतिरोध–न्याय भी नये ढंग का काव्य न्याय है।

अष्टभुजा की कविता में 'पक्षी' घोषित दिवालिये हैं। वे ही प्यार कर सकते हैं नदियों से, आकाश से ! अनन्त में गा सकते हैं ! लड़ सकते हैं! और अज्ञात क्षेत्रों में उड़ सकते हैं ! जो पाई-पाई जोड़कर–हिसाब-किताब से बनाते हैं अपना साम्राज्य–वे कोठरी में ही बन्द रह सकते हैं। बन्द रह सकते हैं तिजोरियों, तहख़ानों में, प्यार वे क्या करेंगे। अष्टभुजा खोज में हैं–मणि की खोज में नहीं! उस 'अन्न' की खोज में हैं "जिसे चाहते क्षुधातुर जन/ढोकर ले जाती हैं चीटियाँ!" उस सुख की खोज में हैं–जिसे "घोड़े पाते हैं/ज़मीन पर लोटकर/गर्भवतियाँ माटी खाकर/मोर बादल देखकर/पान पानी पाकर!" इस आशय से कविता संकल्प-सरीखे इस अन्त तक आती है–जो इस कविता का तो अन्त है–पर कवि-कर्म का, सृजन-प्रक्रिया या रचना-प्रक्रिया का आरम्भ है–उत्स है :

खोजना है...
उस अन्न को
उस नींद को
उस सुख को
हिरन के
कस्तूरी की तरह

'तुम्हारे लिए' जैसी कविता एक पूरी जीवन-कथा है। एक मार्मिक वृत्तान्त। दाम्पत्य जीवन का। सारे संघर्ष–सारे राग धीरे-धीरे क्षीण होने लगते हैं। कठिन होता है बचा पाना–उसे–जिसे चुप-चुप बीतता समय धीरे-धीरे तोड़ता रहता है। एक दिन आता है कि वे किसी सिनेमाघर में नहीं घुसते। उत्तेजनाएँ थम जाती हैं। केश पक जाते हैं। वे अपने-अपने बसन्तकाल के निगेटिव हो जाते हैं। यद्यपि...उज्जर यूरिया में छिपी हरियाली की तरह पड़े रहते हैं एक-दूसरे के भीतर। भावुकता का सचेत बहिष्कार न करते हुए अष्टभुजा अपने को, स्वजनों को, अपने संसार को और अधिक चाहत से देखने लगते हैं। क्या यह कविता का नव-रोमान भर है !

अष्टभुजा शुक्ल की कविता सच्चे अर्थों में जड़ों की खोज की कविता है–बहुतों के यहाँ वह निरा शब्द है, अलंकार है, रीति है, मुहावरा है। जिन्होंने अपनी जड़ें काटी हैं, जो परजीवीपन के शिकार हैं, जिन्हें दूर का आकर्षण घेरे हुए है और

लगातार सुहावना लगता है, जो सारे जीवन-स्रोत काटकर उपकरण (नाव) बनाते रहे हैं, उन्हें पता नहीं कि आगे क्या करेंगे ! वे उनमें शुमार हैं जो 'नाव' तो बना चुके हैं पर 'नदी' की खोज में हैं। 'अब हम बना चुके हैं नाव', 'बायें हाथ का खेल' उपभोक्ता समय की रहस्यपूर्ण विडम्बना और क्रूरता उद्घाटित करने वाली कविताएँ हैं। वे हमें अपने समय की वास्तविकता के नज़दीक लाती हैं। एक अनगढ़ दिखने वाले कवि का अन्त:परिष्कार कैसा होता है–यह भी दिखाने वाली कविताएँ हैं इस संग्रह में। 'चैत के बादल'–यह संग्रह हमारे समय के काव्य-परिदृश्य में एक सार्थक हस्तक्षेप की तरह जाना जायेगा

–परमानंद श्रीवास्तव

अनुक्रम

गणित के कुछ प्रश्न

(एक)

किसी जाति का
दो बटा तीन भाग कीचड़ में
एक बटा चार भाग पानी में
शेष पानी के ऊपर है

जाति का कौन-सा भाग हवा में है?

(दो)

कोई दुकानदार
एक बोरी यूरिया में
जब कुछ
अगड़म-बगड़म मिलाता है
तो उसकी आय
उसकी लागत की
तिगुनी हो जाती है

वही खाद
एक लघुसीमान्त किसान
जब अपने खेत में डालता है
तो उसकी उपज
उसकी लागत की

आधी आती है
किसान की
किस पीढ़ी का बच्चा
सोने की कटोरी में
दूध-भात खायेगा
एवं किस युग के किस चरण में
रामराज्य अथवा समाजवाद आयेगा?

(तीन)

बुढ़िया आजी
जब कड़ाही और तवा माँजती है
तो थाली में भोजन पाती है
जब लोटा और थाली माँजती है
तो आँचल में रोटी रोपाती है
जब कुछ नहीं माँजती
तो वैसे ही सो जाती है

धीमे बोलती है
तो उसके मुँह में बाघी बतायी जाती है
कड़ा बोलती है
तो कंटाइन कहलाती है

बुढ़िया के शेष आयु की गणना कीजिए?

(चार)

किसी धर्मस्थल के विवाद में
पाँच हज़ार गोली से
चार हज़ार गोले से
पाँच सौ चाकू से
और चार सौ जलाकर मार डाले जाते हैं

तीन सौ महिलाओं को नाली
और दो सौ बच्चों को बकरा समझा जाता है

धर्म में सहिष्णुता का प्रतिशत ज्ञात कीजिए?

(पाँच)

किसी लड़की का अपहरण करके
तीन बन्दूक़धारी
चौबीस घण्टे के भीतर
पन्द्रह आतंकवादियों को
मुक्त कराते हैं

किसी धर्मस्थल पर क़ब्ज़ा करके
पचास आतंकवादी
आस्तिक बन जाते हैं

टी.वी. पर बोलकर
गृहमन्त्री फुर्र हो जाते हैं

कितने दिनों में
राज्य से आतंकवादियों का सफ़ाया हो जायेगा
कितने दिनों में
पाकिस्तान का शान्ति-प्रस्ताव लेकर
अमरीका कृष्ण के रूप में भारत आयेगा?

ललकू बहू

निःसन्तान
विधवा है ललकू बहू
अवस्था पचपन-साठ की
हैं ऐसी किसी जाति की
जो सींच और गोड़कर
उगाती है खेती

तिताई की
खेती की हैं ललकू बहू
क्यारी में
और उसके फलने पर
टूका बिछाकर
बैठ जाती हैं बाज़ार में
सड़क के किनारे
बेचने अपना मिर्चा
जैसे दुःख का ढेर बेच रही हों
कुछ लोगों के अनुसार
ललकू बहू के हाथ का
बेर भी खाने लायक़ नहीं
फिर भी
वह बेचती है मिर्चा
और लोग तौलकर ख़रीदते हैं
उसका दुःख

स्वाद समझकर
दाम से भी दस-बीस पैसे कम देकर

कुछ लोग केवल ख़रीदना चाहते हैं
उसका हरा दु:ख
हरे दु:ख के बीच-बीच में छिटका
पका हुआ दु:ख
छाँट देते हैं लोग
पसन्द नहीं करते

वैसे तो
ललकू के मरने के साथ ही
मर गयी थीं ललकू बहू
फिर भी वे सती नहीं बनीं
लेकिन अभी तक
ज़िन्दा हैं वे
निपूती, असगुनी
और नैहरवालों के लिए
बहन और बुआ जैसे विशेषणों के साथ

अपने व्यवसाय की पूँजी
लेकर जब लौटती हैं घर
शाम को
ललकू बहू समझती हैं–
वह भी एक पकी मिर्च ही थीं
जो बिकी नहीं आज तक
किसी बाज़ार में

ऊँट

ऊँट का रंग भी
कोई रंग है
उदास, फीका, रोवनहा
जो आज तक उपमान नहीं बन सका

ऊँट का रूप भी
कोई रूप है
मुँह जैसा मुँह नहीं
घेंचकढ़ा, सरगपताली, लमगोड़ा

ऊँट का स्वास्थ्य भी
कोई स्वास्थ्य है
कि भरी जवानी में
एक-एक पसली गिन लो

फिर भी, ऊँट का स्वभाव
चौंकाता है हमें
जैसे रेत की भुभुली में उसका अविकल चलना
बलबलाना
सात-सात दिनों पर प्यासना
और लोगों को चुभने वाले
काँटे-कुश खाना

लेकिन जब-जब ऊँट
हलता है पंचकोसी नदी के चुनाव में
तब-तब
दूसरों की पीठ पर सवार होकर
पार उतरने के आदी
सियारों के
प्राण सूख जाते हैं
कि मनमौजी ऊँट
पता नहीं किस करवट बैठे?

किलनें

बड़े आगमजानी होते हैं
ये किलनें
ठोंक बजाकर खोज लेते हैं
ताजा ख़ूनवाले
पालतू जानवर
जिनके रोओं में छिपकर
चूसते रहते हैं रक्त

दूसरों का रक्त चूसकर
बड़े जीवट होते हैं
ये किलनें
चुटकियों में मसलने
या पैरों से कुचलने से
या चप्पलों-जूतों से
पीटने से भी नहीं मरते

बड़े आगमजानी होते हैं
ये किलनें
मरणासन्न प्राणी की मौत से
हफ़्तों पहले
उसकी गन्धाती देह
और बिखौंधे रक्त को छोड़कर
अपने आप हो जाते हैं अलग

ये किलनें
कभी किन्हीं प्राणियों के कान पकड़ते हैं
किन्हीं की पूँछ
किन्हीं के थन
किन्हीं के अण्डकोष

ये किलनें?
बड़े आगमजानी होते हैं

सूखे में बरसात

आकाश देखते-देखते
आँख कट गयी
बीसों दिन बाद
आज लहरा गिरा

कुश होते धान
फिर भी जी गये
मुँह में जूठ लगने का
बँधा आगम
दोनों परानी में
बोलचाल हो गयी

पंचमी आने लगी
सड़फड़ाती नयी साड़ी हवा
युवा, छोटी बहन-सी
खिलखिलाती
पास से जाने लगी

वनस्पतियों को मिला जीवन
मिला पर्वों को नया उत्साह
भर्त्सना से बच गयी है प्रकृति
जन्म लेती है चतुर्दिक् नयी कृति

रम गयी बरसात
थम गयी बरसात
आज तो जम गयी बरसात

बकरे

स्वयं
पत्तियाँ खाकर
जी रहे बकरे
मरकर
बधिकों को
देते हैं रोटी

बहुतों के
भोजन और भोज में
शामिल हैं बकरे
विशेष अतिथियों को
परोसा जाता है
इनका कलेजा

शुद्ध शाकाहारी
बकरों की ओर
देखते तक नहीं
बचते हैं उनकी परछाईं से
जहाँ पर
बकरों की मिमियाहट
कर्णकटु लगती है लोगों को
वहीं पर

तबला, मृदंग, सारंगी, ढोल जैसे
वाद्यों के लिए
महकता है उनका चाम

कहने को तो
सींग भी होते हैं
बकरों के
पर वे
उनसे केवल खेलते हैं
आपस में
कभी-कभी

दाँत रहा बाछा

अभी दाँत रहा है
बढ़ रहा है
चिकना रहा है
बाछा है

धीरे-धीरे
निकलेंगी सींगें
घण्टी टुनटुनायेगा
कुलाँचेगा
उलाहना लायेगा

आगे चलकर
अखड़ेगा
दरेरेगा
हुरपेटेगा
झनकारेगा
अभी
कँधायेगा
अंकुशायेगा
भुखायेगा
जुआ फेंक देगा
अभी उसके खेलने-खाने का समय है

कच्चे ही
नाथने से
कुँचाने से
जोतने से
जाबने से
उखड़ जायेगा

ओ रसीले गन्ने!

लोग नहीं चाहते
कि मीठी रसीली चीज़ें
बड़ी हों
कड़ी हों
या सीधे खड़ी हों

तुम्हें बड़ा होते देखकर
कड़ा होते देखकर
खड़ा होते देखकर
सनक जाते हैं लोग
इसलिए, ओ रसीले गन्ने!

ललचाते बालमन
निरख-निरख आते तुम्हें
लार टपकाते
पत्तियों को समझ-बूझ
हरी-हरी तलवारें
मेड़ों तक जा-जाकर
लौट-लौट आते
क़दम अपने पीछे हटाते
ओ रस की काठी!
समझ रहे बच्चे तुम्हें
अभी नीरस लाठी

वर्षा में
नहाकर झमाझम
पोर-पोर बढ़ना
अपने ही भीतर से
इंच-इंच कढ़ना

रेशे-रेशे में रस ही रस
बस भाई बस

कार्तिक की एकादशी तक
मन मसोसे
ये बालमन भी
हो जायेंगे तुम्हारे जैसे ही
परिपक्व

सहकर
बरसात, जाड़ा, आतप प्रचण्ड
ओ परमार्थी
भाई इक्षुदण्ड!

बस इतना करना
किसी तरह अपनी
पेड़ी बचाये रहना
ओ रसीले गन्ने-फन्ने!

बच्चा

बच्चे के लिए
सोना, माटी है
और माटी, सोना

बच्चा सोना फेंक सकता है
माटी खा सकता है
और गोद में बैठा हुआ
दाढ़ी नोच सकता है
बादशाह की

बच्चा
माँ को माँ
पिता को पिता कहता है
और नंगी स्त्री या पुरुष के आगे
निर्विकार खड़ा रह सकता है

बच्चा
थककर सोया है
सपना देख रहा है
सपने में मुस्करा रहा है
करवट बदल रहा है

रात बीतने दो
बच्चा इकट्ठा कर लेगा
समानधर्मा बच्चे

चीते के समीप

चीते के लिए
जंगल घर है
और पिंजरा वन

सर्कस के पिंजड़े में बन्दी चीता
घर से
वन में पहुँच गया है
एक दर्शनीय वन्य प्राणी में रूपान्तरित होकर

काठ और लोहे से बने
उस वन में
हरियाली के नाम पर पोताड़ा
गाढ़ा हरा रोगन है
और भीतर
धोयी-पोंछी वीरानगी में
अपने ही मूत की
चिर्राहिन दुर्गन्ध

चीते को साधकर
पिंजड़ा बनवाया गया है
कि पिंजड़े का आयतन देखकर
उसे आहार दिया जाता है
कौन जाने?

फिर भी चीता
जब-जब चक्कर काटता है
पिंजड़े में
तो उसकी पूँछ और जबड़ा
वन के सीमान्त को छूते हैं

बन्दी चीते को देखने से
स्पष्ट हो जाता है
घर और वन का अन्तर

उतनी अनिवार्य मत बनना

क्या बाँच रही हो किताब
जानना चाहती हो जन्म और युद्ध की कहानी
संसार का इतिहास पढ़ रही हो

रट रही हो विद्रोह और अवज्ञा की तिथियाँ
आक्रमण की विधि
छोड़ दे रही हो शत्रुओं की जीत के उत्सवधर्मी प्रसंग
सन्धि और उनमें दिये गये उपहारों के सवाल

पढ़ रही हो शासकों के कर्तव्य और नागरिकों के अधिकार
आग्नेय और अवसादी चट्टानों के प्रकार
मिट्टी की प्रजातियाँ, चक्रवात, मानसून
भूकम्प का आना और ज्वालामुखी का उद्गार
पृथ्वी की गोलाई को लेकर बहुत चिन्तित हो क्या
सोच रही हो
आँख, नाक, कान, मुँह आदि नहीं हैं क्या पृथ्वी के पास
केवल धड़ ही है क्या
और धड़ में भी केवल श्रोणि?

पढ़ते-पढ़ते तुम्हारे मुखमण्डल पर सहसा तेज आ गया है
उष्मा के संचरण में सूर्य के विकिरण पर पहुँच गयी क्या
बहुत हँस रही हो
चाँदनी रात का वर्णन आ गया क्या

एकाएक जुगनू की तरह बुझ गयी
कुछ खण्डन करना चाहती हो क्या

मोड़ देना उन पन्नों को
जिनमें दिये गये हैं असहमति के उद्धरण
चिन्हित कर देना उन पंक्तियों को
जो अराजकता के विरुद्ध उभरी हैं सूक्ति बनकर

सीख लो आशुलिपि
जिससे जल्दी-जल्दी पढ़-लिख और समझ सको
कण्ठ कर लो कविताएँ और अत्याचार
इन दोनों को ही मत भूलना
याद रखना

जन्तुओं के चितकबरेपन की तरह सुन्दर
हरी मिर्च की तरह संवेदनशील
गुड़ौधे पपीते-सी लावण्यमयी
और चुम्बक के विपरीत ध्रुव की तरह अभिसारी तुम

तुम उतनी अनिवार्य कभी मत बनना
जितनी अनिवार्य समझी जाती है एक मादा
किसी को भी गरियाने के लिए

पेड़

जभी से
जन्मे हैं पेड़
तभी से खड़े हैं एक पाँव पर
ठड़े-ठड़े ठड़िया लग गयी होगी उन्हें
तभी से
उड़-उड़ पड़ती रही है धूल
इन पर

कभी-कभी हवा
झाड़-पोंछ देती है
इनकी धूल
बादल इन्हें नहला देते हैं
कभी-कभी

बूढ़े हो जाने पर भी
छुट्टी नहीं लेते
फूलते-फलते रहते हैं पेड़

पेड़
अपनी मौत से
कभी नहीं मरते
कुत्ते की मौत भी
नहीं मरते पेड़

ननदें

ननदें
प्राय: घर लौटकर अब
माचिस और तेल न मिलने का
बहाना बना देती हैं

ननदें
अब तरेरकर
दूकानदार से कहती हैं
ये साढ़े पाँच क्यों?
पाँच साठ लौटाओ सीधे

ननदें
बनाती हैं पराँठे
खाती हैं रोटियाँ
लौकी की तरह
प्रतिदिन दो अंगुल बढ़तीं
ननदों का
आगा नहीं रोका जा सकता अब
तर्जनी दिखाकर

ननदें
कब तक बेहन बनी रहेंगी?
जो बीज से पौध बनें
किसी खेत में
और उखाड़कर रोपी जायें
किसी खेत में

जवान हो चुकी है दुनिया

तीत मीठ खट्टा नमकीन कसैला चखकर
साग पात मूली गाजर कच्चा पक्का भक्ष्याभक्ष्य खाकर
पानी दूध पसावन काढ़ा छाछ पना रस पीकर
खाल छाल पत्ता बल्कल सूती फूती पहनकर
घाम बतास आँधी बौंखा जाड़ा पाला सहकर
रखायी है अपनी देह

घमौनी करके मज़बूत की अपनी हड्डियाँ
मेहनत करके उन्नत की अपनी छाती
और पतली की अपनी कमर
ज़मीन पर सोकर कड़ा किया अपना शरीर
बिछिया झुककर
सूरज की किरणों की सुई अपनी पलकों से उठाती हुई
लचीले किये अपने अंग-प्रत्यंग
हल्दी लेपकर निखारी अपनी कान्ति

काजल और किरकिरी बनाने लगी लोगों को
प्रणय-निवेदन या अपशब्द सुनकर
जब-तब सुर्ख़ हो जाता है इसका मुखड़ा
अब पूरी जवान हो चुकी है दुनिया
बस, एक प्रसव की देर है
दूध अपने आप निकलने लगेगा इसके तन से

ताड़ीवान

आकाश की ओर
चढ़ाई करने को उद्यत ताड़ीवान

हाथों का फन्दा
डालता तो है अपने गले में
लेकिन समझता है
कि पैरों में डाल रहा है

ताड़ का पेड़
उसके लिए एक रास्ता है
जिस पर चलकर
उसे तय करनी है एक यात्रा

सरकाऊ ताड़ पर
ऊर्ध्वमुख चढ़ान है
पूरी लोहगढ़ान है
ताड़ीवान की पसलियाँ
बैठती जाती हैं
ताड़ की पसलियों से
ककनी जैसी
और उपराता जाता है ताड़ीवान

मेहनत से आजिज़
और थकान से चूर
मन में यही आता है
कि यदि कोई ऊपर हो
तो उसे वहीं से नीचे ढकेल दे
या पकड़कर दाब दे तरकुल का ही गला
या काट ले माथ
ताकि नित्य चढ़ने और ऊपर देखने से
छुट्टी मिल जाये

धीरे-धीरे पहसुल से
छेता है वह तरकुल का गला
किन्तु छीलने से छलछलायी ताड़ी की मादकता
उसे पहुँचा देती है
किसी दूसरे ही लोक में

वहीं से वह
हवा से झुकते यूक्लिपटस को देखता है
पुरुआ चलने पर
पूरब हो जाती है उसकी पीठ
और पछुआ चलने पर पच्छिम

यह हवा के रुख़ पर निर्भर है
कि उसकी पीठ किधर होगी
हवा के रुख़ से ही
कभी पीठ, पेट बन जाती है
कभी पेट, पीठ

वह सोचता है
काश, इसी ताड़ की तरह
उसके भी
केवल सिर और केवल पैर होता
हवा के रुख़ पर नाचने वाले
पीठ और पेट न होते
तो कैसा होता!

भरी लबनी लटकाये
नीचे उतरता है ताड़ीवान
और चल देता है
ताड़ को हाथ जोड़कर

माँ

पिता के आगे
माँ का
कोई रवा न था
उनके सामने
वह दाँत नहीं उभारती
उसका हाड़ काँपता

धोती के
दो किनारे थे
जिनके बीच
रहती थी माँ
बहती थी माँ
सहती थी माँ

माँ की धोती
पिता से तिगुनी चलती
जितनी बार फटती
उतनी बार सिली जाती
कपड़ा, लत्ता होता जाता था
और लत्ता कपड़ा बनता जाता

मरे हुए कपड़ों से
अपना काम

चलाती थी माँ
अपने ही हाथों
सुई कोंच-कोंचकर
धोती को
जिलाती थी माँ

कई बरसात खायी
घुने बाँस, सड़े करायन
मकड़जाल
और धुएँ से कलिखायी
टपकती झोपड़ी हो गयी थी माँ
बात-बात में
चुल्ला चुवाती

चलता-फिरता गोरसहा घर थी माँ
कोई तनिक-सा जोरन डाल दे
तो दही की तरह जम जाती
कोई सम्बोधन से छकरा दे
तो मक्खन की तरह उपरा जाती
किसी को घुमरी आ जाये
तो छाछ की तरह गुड़छार हो जाती

पेटकटी करके
एक ख़ुराक सीधा
और एक टुकड़ा गुड़
बचाकर रखती थी माँ
जैसे एक भूखे और प्यासे का
सदा उसके पास बीमा रहता

माँ
कोई सन्नाम महिला न थी
लोग उसका नाम तक नहीं जानते थे
मतदाता सूची देखकर
लोग उसका नाम जानते
फिर भी,
'अपने घर की निन्दा
पराये घर की हँसी'
उसका प्रिय मुहावरा था

अब नहीं है माँ
सपना हो गयी है वह
फिर भी
सदा आसपास बनी रहती है
साँस-साँस में समायी हुई
हवा-सी

पृथ्वी का मुँह किधर है

पृथ्वी का मुँह किधर है
जिधर सूरज उगता है उधर
कि जिधर डूबता है उधर
सूर्य की प्रदक्षिणा करने वाली
पृथ्वी का मुँह किधर है?

सूरज का मुँह ताकते रहने के लिए
सूरजमुखी का फूल बन गयी है पृथ्वी
लेकिन जब डूब जाता है सूरज
तो बेचैन हो जाती है पृथ्वी
जैसे खो गयी हो उसकी मणि

पृथ्वी की पीठ पर फैल रही है पके फलों की मीठी सुगन्ध
झूम रही हैं अनाज की बालियाँ
जबकि भूखी पृथ्वी
अपना मुँह खोज रही है

पृथ्वी का मुँह किधर है?

अपनी ही थाली

इक्केवाले घोड़े की
थाली बँधी है उसके मुँह से ऐसे
जैसे उसे जूठ गिराना वर्जित हो

जूठ वह अपनी थाली में ही गिराता है
और उसी अनधोई अनमाजी में
वही बसिया तिबसिया खाता है

जब कभी उठाता है सिर
किसी ओर देखने को घोड़ा
उसके सिर के साथ ही उठ जाती है
उसके मुँह से बँधी हुई थाली
सिर ऊपर उठाना चाहता है घोड़ा
जबकि उसके गले से लटकती हुई थाली
उसे नीचे खींचना चाहती है
दूसरों की दृष्टि में
फटही बोरी है उसकी थाली
उसके गले से चिपकी हुई

विश्राम के क्षणों में
इक्केवाले घोड़े को देखने से
पता चलता है
कि अपने लिए कैसे भारू हो जाती है
किसी की अपनी ही थाली

समय और मैं

ना हो गया हाँ का
भगवान यजमानों का
तस्करों की हो गयी पुलिस

नायक हो गये नायिकाओं के
शहनाइयाँ परिणय की
स्वाद व्यंजनों के

दूध का हो गया ख़ून
पद हो गये कुर्सियों के
शेष का हो गया अशेष

बचे
मैं और समय
समय चाहता है
मैं उसका हो जाऊँ
मैं चाहता हूँ
समय मेरा हो जाय

अब हम बना चुके हैं नाव

हमने काट डाले सेमल और पाकड़
हमने काट डाले गूलर और कटहल
हमने काट डाले सभी दुधहे पेड़

बड़ी-बड़ी आरियों से
चीर डाले मोटे-मोटे पटरे हमने

दुधही लकड़ियाँ नहीं सड़तीं पानी में
और सूखकर हो जाती हैं हल्की
ऐसा सोचा हमने और ग़लत नहीं सोचा

फिर पटरों में ठोंके हमने
ठण्डे-ठण्डे लोहे के मोटे-मोटे काँटे

अब हम बना चुके हैं नाव
अब हमें खोजनी है नदी

केंचुए

केंचुए का जन्म
बहुत सहज है

पानी में कर दिया जाय
या मिट्टी में मिला दिया जाय
और निकलने न दिया जाय
–हो गया केंचुआ!

खेती में केंचुए
किसानों के परम मित्र हैं
जबकि झख मारने वाले
शिकारियों के लिए चारा

अपने पैरों पर
खड़े नहीं हो सकते ये
जीवन भर
बरगद की बरोह जैसे टँगे रहेंगे

हालाँकि इनमें न हड्डी है न रक्त
फिर भी
उचक-उचककर
एक न एक दिन
खड़े हो जायेंगे
केंचुए भी–
ऐसी सम्भावना बहुत कम है

खौलते जेठ में

जो बिटिया आस्ट्रेलिया की तरह रोटी बेलती थी
अब पृथ्वी की तरह बनाने लगी है
गोंइठा सन्तरे की फाँक की तरह पाथने लगी है
किताबों को प्राणों के पीछे रखने लगी है
उसी के विवाह का
भेजना चाहता हूँ नेह-निमन्त्रण
गाँव से
मित्रवर बनारसी!

कातिक लगा है
हो चुकी है एकादशी।

हाथ चीरने वाले
सरपत चीरकर
मूँज निकाल रही हैं सज्ञान लड़कियाँ
मूँज को पक्के रंग में रँगकर
छेदने से लिख रही हैं स्वागतम्
रच रही हैं हाथी, घोड़ा, तोता और फूल
डलवों में

जिन डलवों में पाँव रखकर
उन्हें विदा होना है एक दिन
अपने बप्पा के घर से

और फिर कभी लौट पायेंगी या नहीं
अपने बप्पा के घर

इसी असमंजस में हूँ
कि लिखी हुई चिट्ठी भेजूँ कि न भेजूँ
जब से सुना कि दंगा हो गया बनारस में
पता नहीं आप किस अवस्था में हों
हों या न हों
बड़ा पापी है मन
सौ कोठा भरमता है

चाकू, गोली, बम और तलवारों के बीच
कहीं पड़ न जाय यह नेह-निमन्त्रण
चिथड़े-चिथड़े न हो जायँ इसमें लिखे शब्द
झुलस न जायँ इसमें के तोते, पंछी, हाथी, घोड़े, फूल
और लड़कियाँ
डाँगर न बन जायँ हमारे पशुधन और स्वजन

कितना बज्र का कलेजा करूँ
कि इस गुनगुने कातिक को
भेज दूँ खौलते जेठ में
मित्रवर बनारसी !

उसे

उससे
न कुछ पूछा गया
न बताया गया
पकड़कर लाया गया

उसने सोचा
आदमी और मेंढक की
चूँकि आन्तरिक संरचना
मिलती-जुलती है
सम्भव है उन्होंने मुझे मेंढक समझा हो
चीर-फाड़कर
मेरे ऊपर कोई नया प्रयोग करें
लेकिन मेंढक तो
उभयचर जन्तु है
थल के शत्रुओं से
जल में कूदकर
और जल के शत्रुओं से
स्थल पर भागकर
अपनी रक्षा करता है
किन्तु मैं?

मेंढक की जांभ
आगे से जुड़ी होती है

पीछे से स्वतन्त्र
और मेरी?

मेंढक घास में
अपना रंग हरा
और मिट्टी में मटमैला कर लेता है
लेकिन मैं?

मेंढक की तो
गर्दन भी नहीं होती
और मेरी?

सोचते-सोचते यही सब
उतारा गया उसे
उसके सबुनहे हाथों में
पारा-भरा शीशे का गिलास थमाकर
मटर की राशि पर खड़ा किया गया
नंगे पाँव
करतल ध्वनि के बीच
ठरकने लगा वह
अब गिरा कि तब गिरा
सँभलता रहा, दूर होता रहा

जब ओझल हो गया वह
उखड़ गया शिविर
लद गयीं कुर्सियाँ
पीकों से बदरंग
और मीठों से लसियायी ज़मीन
चट्-चट् करने लगी

फिर उसकी खोज हुई
तो एक झाड़ी में
अचेत पाया गया
आदमियों से उठ ही नहीं रहा था
किरान से उठाया गया
और फिर पकड़कर
समारोह में लाया गया

कोयल और काकी

आई थी
वसन्त की हल्दी बाँटने
वनों-उपवनों को
लेकिन वहीं बस गयी
घरबैठा बैठा ली एक पुंस्कोकिल

मिठ बोलनी कोयल के
चक्कर में आ गया काक
हँस-हँस बतियायी
अपना गुन पसारी
धीरे-धीरे काकी के साथ
दीदी-बहिनी जोड़ ली

अपना जाई-जन्मा
काकी के मत्थे मढ़कर
चिक्कन बन गयी कोयल
चुगाने से लेकर
पिलाने तक छुट्टी
अँगिया कसे चहकती है
इस डाल से उस डाल पर

अपने चुज्जों को
जाने कौन सी घुट्टी पिला देती है कोयली
कि ममतालु काक-दम्पती
लाख सिर पटकें
किन्तु अपने दो शब्द
अपनी बोली
नहीं सिखा पाते उसे

उनके वात्सल्य को लेकर
जब कोई खोद-विनोद करता है
मन होता है
फफककर रो दें

बायें हाथ का खेल

यदि मैं केवल ढोता रहूँ
तो सारी खदानों का कोयला मेरा है
यदि मैं दहन भट्ठी पर खड़े-खड़े न सुलगूँ
तो कारख़ानों का सारा लोहा मेरा है
यदि सर्वदा पोताड़े रहूँ हाथों में गजबज रंग
तो सारी की सारी दृश्यावलियाँ मेरी अपनी हैं

यदि मैं केवल झुका रहूँ
तो सारा संसार हमारे लिए प्रणम्य है
यदि मैं उठाये रहूँ अपने हाथ ऊपर
तो सारे के सारे अस्त्र हमारी ओर तने हैं
यदि हमारी आँखों में बनी रहे याचना
तो सारे दानियों का अवतार हमारे लिए हुआ है

यदि मैं केवल चलता रहूँ आठों याम
तो दुनिया की पूरी ज़मीन हमारी है
यदि मैं कोस को क़दमों में नाप लूँ
तो पैमाना मैं ही हूँ
यदि मैं बाँध लूँ अपनी आँखों पर पट्टी तो
प्रज्ञाचक्षु माना जाऊँगा मैं ही

यदि मैं सब कुछ सिर झुकाकर खाता रहूँ
तो सारे जूठ-कूठ हमारे लिए प्रसाद हैं

यदि इसी अकेले पेड़ की तरह सड़क के किनारे
मैं भी मूक दर्शक बनकर खड़ा रहूँ
तो लोग समझने की भूल कर सकते हैं
कि मैं संसार के किनारे खड़ा हूँ

लेकिन बन्धु!
बहुत दिनों तक यदि बुझी रहीं हमारी लकड़ियाँ
तो संसार को जलाना हमारे बायें हाथ का खेल है

चैत के बादल

मुँह अन्हारे
सन्न मारे
गाँव में माया पसारे
कहाँ से उपरा गये
भड़ुए, अघी ये चैत के बादल!

बालियों से झुकी-झपकी-पकी
धरती सम्पदा का
गेहुँअई आँचल
इनकी कृपा पर छोड़कर आश्वस्त होना
भूल होगी
इनका, कौन थाया, क्या ठिकाना?
बिदबिदायेंगे
या पाथर छरछराकर
छिनगाएँगे पल्लव
बालियों से अन्न झारेंगे
पंछियों के पर उजारेंगे
या करेंगे कुदिन
पशु-परानी के लिए पितकोप
रोग फैलायेंगे
बौर लसियायेंगे
लगने नहीं देंगे टिकोरे
उखमजी व्यवहार से

माघ में
जब सींचना था
तब नहीं लौके
जब बयाना हो गयी घर का मसूर
जब फ़सल पककर हुई तैयार
तब फूकने खलिहान
आये हैं
राशि की राशि सड़ाने, गड़गड़ाने
चौधराहट दिखाने

चैत के
इन गिदड़रोएँ बादलों को देखकर
याद आते हैं
भाद्रपद के वे घने
काले मतंगों की तरह
मेल्हते, ऐंड़ते, मुड़ियाये चले जाते
सघन-घन, पनिगर और बतधर

खन-खन बदलते रंग
चैत के
इन लाल, पीले, श्याम
नाटकी, मोघी, छछन्नी बादलों को देखकर
याद आते हैं
वर्ष-वर्षों से तृषित
चातकों को
दो बूँद पानी चू चुवाकर
हाथ से अपने पिलाते
शरद के शुभ्राभ्र वे सितकेश
पितृव्य जैसे
स्नेह से भींगे नयन, करूनाअयन

भरे परसन्ताप से
ये मिटाने पर उतारू
गरल जैसा जल उगलने को विकल
चैत के
इन कामरूपी बादलों को देखकर
याद आते हैं
पौष के पीयूषवर्षी मेघ
जिनका एक लहरा ही
फ़सल की डीभियों को
फुन्न रखने के लिए
सींक में सद्भाव भरने के लिए
दूध से भी अधिक लगता है

वैसे, चैत के इन बादलों का
जन्म, इनका कर्म
बनना या बिगड़ना, घिरना या घराना
निर्भर हवा पर, हवा के रुख़ पर
हवा की प्रकृति पर
कभी पुरुवा चली
तो चढ़ गये दोखी
लगे बढ़ने, घुमड़ने, घेरने आकाश
क्षण में छा गये
थोबड़ा दिखाने आ गये

किन्तु उल्टे खींचकर पछुआ चली
तो लगे छँटने, छनमनाने
मुँह बनाने
इधर आने, उधर जाने
जैसे ओसायी जा रही हो राशि

और भूसा उड़ रहा हो दूर जाकर
कहीं पूरब के क्षितिज पर

द्वादशी का चाँद
चाँदी की नयी सेई[1] बना
रख उठा आकाश के खलिहान में
और तारे मटर के दानों सरीखे
छितरा गये खलिहान में

कट गये
ये चैत के बादल
हट गये
ये चैत के बादल
छँट गये
ये चैत के बादल!

---

1. सेई–पूर्वी उत्तर प्रदेश के बस्ती आदि जनपदों में अनाज मापने का एक गोलाकार काठ या लोहे का बर्तन, जिसके आयतन में लगभग एक कि.ग्रा. वज़न का अनाज आता है।

चिट्ठी आयी

केवल माई को छोड़कर
घर भर का पता है, घर

पिता के नाम चिट्ठी आयी
बहन के नाम चिट्ठी आयी
भाई के नाम चिट्ठी आयी

घर में अकेली माई
जिसके नाम कोई चिट्ठी नहीं आयी

सबके नाम की चिट्ठियाँ माई को ही मिलीं
घर लौटकर सबने पढ़ी अपनी-अपनी चिट्ठी

सब छिपा ले गये माई से
अपनी-अपनी चिट्ठियों की बात
माई से सबने झूठ बोला
लेकिन जहाँ अपने को
सच्चा सिद्ध करने की बात आयी
सबने माई की सौगन्ध खायी

घटनास्थल का निरीक्षण

मैं
आप लोगों का
दु:ख-दर्द सुनने आया हूँ
इसीलिए उड़ता हुआ
विमान से आया हूँ
सुनाई पड़ा है
कुछ लोग जल गये हैं
लीजिए, मैं दर्जनों बरनॉल लाया हूँ

मरहम है
न जलता है, न भभ्भाता है
मरहम लगाइए
रोते हुए आइए
हँसते हुए जाइए
घायल आगे आवें
घाव खोल-खोलकर दिखावें
एक ट्यूब मुफ़्त ले जावें
मृतक, मरने का प्रमाणपत्र दिखावें
अनुग्रह-राशि का हाथी अपने नाम करावें
उसका चींटी-संस्करण घर बैठे पावें

हल्ला मत करिए
शान्त हो जाइए

कान मत खाइए
धीरज धरिए
सुनवाई होगी
अपराधियों के विरुद्ध कड़ी कार्रवाई होगी
अनुदान मिलेगा
सुरक्षा के लिए
बलात्कारी दरोग़ा
और गरियाने के लिए
दीवान मिलेगा

जल्दी कीजिए
अवसर मत गँवाइए
चले आइए
यहाँ आग लगी है
वहाँ बाढ़ आयी है
हमें वहाँ भी जाना है
माचिस, नमक, कम्बल और नशे की गोलियों से
राहत पहुँचाना है

मेरे महान् देश की
महान् और सहनशील जनता
जब तक आयोग नहीं बैठता है
ऐसे ही खटती रह
आपस में लड़-लड़कर कटती रह
ख़ून-पसीना अपना बहा
राजनीति के पाटों में पिस
यह होगा
वह होगा
टाँय-टाँय फिस्स

बोल दो

मैं
एक खोखली बाँसुरी हूँ
तुम मुझमें फूँको
नाद और प्राण
मैं बजना चाहता हूँ

मैं गर्म तवे-सा धिकता हूँ
तुम रोटी-सी
अपनी सम्पूर्ण मृदुता मुझ पर बिछा दो
मेरी आँच सहो
बनो अन्नपूर्णा

इन दिनों रच नहीं पा रहा हूँ कुछ
बिल्कुल बंझा गया हूँ
मेरी रचना की
कोख खोल दो
बोल दो
मानिनि !
इसी बात पर
दो शब्द
बोल दो

असह्य है तुम्हारा मौन

जीवन-वृत्तान्त

उठाया ही था पहला कौर
कि पगहा तुड़ाकर भैंस भागी कहीं और
पहुँचा ही था खेत में पानी
कि छप्पर में आग लगी, बेटी चिल्लानी
आरम्भ ही किया था गीत के बोल
कि ठेकैत के अनुसार फूट गयी, ढोल

मित्रों ने मेहनत से बनायी ऐसी छवि
चटखदार शब्दों का संवेदनाहीन कवि
एक हाथ जोड़ा तो टूट गया डेढ़ हाथ
यही सारा जीवन-वृत्तान्त रहा दीनानाथ!

खोजना है

कहाँ है वह अन्न
जिसे चाहते हैं क्षुधातुर जन
ढोकर ले जाती हैं चींटियाँ
निकलता है गऊ का अग्राशन
और आवारा कुत्तों का कौरा

कहाँ है वह नींद
जिसमें सोते हैं
रोने के बाद शिशु
नवजात पिल्ले
नवोढ़ाएँ और थके हुए कामगीर

कहाँ है वह सुख
जिसे घोड़े पाते हैं
ज़मीन पर लोटकर
गर्भवतियाँ माटी खाकर
मोर बादल देखकर
पान पानी पाकर

खोजना है
उस अन्न को
उस नींद को
उस सुख को
हिरन के
कस्तूरी की तरह

सीढ़ियाँ

ख़ाली सीढ़ियाँ
पाँवों की
प्रतीक्षा करती हैं

कोई आरोही आता है
सीढ़ियों पर
खटाखट पाँव धरता हुआ
ऊपर चढ़ जाता है

हर निचली सीढ़ी
जिसे छोड़कर
उपराता है आरोही
तेज़ी से साँस लेती है
लेकिन इसका आभास तक
नहीं होने देती उसे
सीढ़ियों की
केवल पीठ
स्वतन्त्र होती है
जकड़े रहते हैं हाथ-पाँव

क्या सीढ़ियों के पास
प्रतिकार का
केवल एक ही उपाय है
कि वे स्वयं टूट जाये?

तुम्हारा कपड़ा

किस काली मिट्टी में
उपजा होगा कपास का हरा पौधा
किस मौसम में खिला होगा
उसका रूबिया फूल
किन हाथों ने चुना होगा
उसका उज्जर फाहा
किन अँगुलियों ने निकाला होगा बिनौला

किन बारीकियों ने काता होगा सूत
किन करघों ने ताना होगा ताना
किन बुनकरों ने बुना होगा पट
किन-किन रंगों में रँगाया होगा अपने को
किन-किन हाथों में बिका होगा
किन-किन भावों पर

कहाँ-कहाँ से कटा होगा कपड़ा
सोचो, कहाँ-कहाँ से कटा होगा वह
तुम्हारी बाँहों को घेरने की इच्छा लिये हुए
तुम्हारे पसीने में भींगने की कामना सँजोये
तुम्हारे दिल की धड़कन सुनने की अभिलाषा पाले
और तुम्हें आदमी बनाने के लिए

जीवन-मूल्य

कहीं से लाने
और उठाकर चले जाने के बीच
जितना अन्तर है
कम-से-कम
उतना ही अन्तर है
हमारे-तुम्हारे बीच

हमारे-तुम्हारे बीच
एक द्वन्द्व समास है
जिसमें निहित है–और

आग या बर्फ़ या लोहा
है हमारे–तुम्हारे बीच
जिसकी दूरी
रबड़ से मिटाकर कम नहीं की जा सकती
तुम दक्खिन तो हम उत्तर
तुम पच्छिम तो हम पूरब
उल्टी हैं हमारी-तुम्हारी दिशाएँ

तुम पड़ा हुआ पाये होगे
बेच सकते हो किसी भी भाव पर
मैं खोजकर लाया हूँ
इससे कम पर नहीं दे सकता

किसी भी क़ीमत पर
क्योंकि यही मेरा मूल्य है
और यही मेरा जीवन-मूल्य है

पके फलों की याद में

जबकि तुम्हारे छिलके
चले गये हैं अपने रास्ते
मिठास अपने रास्ते
सुगन्ध अपने रास्ते
और गुठलियाँ अपने रास्ते
सब कुछ बिखर गया है
बचे हैं सिर्फ़ तुम्हारी आकृतियों के कल्पित निर्वात
तब याद करता हूँ तुम्हें
हे पके हुए फलों!

ऐसे उदास और भूखे क्षणों में
गिलहरियाँ दौड़ रही हैं
तोते उड़ रहे हैं
बन्दर ऊँघ रहे हैं
सभी असहज होकर
तुम्हें याद कर रहे हैं
हे पके हुए फलों!

हे पके हुए फलो!
तुम्हारा कोई दुश्मन तो था ही नहीं
यह सच है
तुम्हारी अपूर्व मिठास और सुगन्ध
के बावजूद

कुत्तों ने तुम्हें कभी नहीं चाहा
पर कुत्ते भी तुम्हारे दुश्मन न थे

अपने ही खट्टेपन और निर्गन्धता के विरुद्ध
अपने ही भीतर से
कैसे उठ रहे थे तुम मुसकाते हुए
बीत रहे समय के साथ
बदल रहे थे धीरे-धीरे अपने को
भीतर और बाहर
जब पकने लगे थे तुम
तो तुम्हारे लिए कैसे असम्भव हो गया था
बहुत दिनों तक
अपने को पत्तियों के बीच में छिपाये रखना

अपनी-अपनी मिट्टी से उपजकर
अपनी-अपनी दुनिया से आकर
अपने-अपने रंगों में रँगकर
अपने-अपने मौसम में पककर
अपने को निरन्तर मीठा और ख़ुशबूदार बनाते हुए
तुम्हारा अपना अन्त:करण
कितना नीरस और शुष्क होता जा रहा था
इसे कौन जानता है तुम्हारे सिवा
हे पके हुए फलो !

इन फीके और खोखसे दिनों में
हम चाहते हैं
काश, अपनी जीभ ही दब जाती दाँतों के नीचे
तो भी कोई अनुभूति होती

न युगाब्द में
न शताब्दी वर्ष में
न पुण्यतिथि में
न जयन्ती में
तुम्हें याद करते हैं हम
पूरे मौसम के साथ
हे पके हुए फलो!

गोरू

हाथ और मुँह
एक ही हैं जिनके
उन गोरुओं के थूथुन
पिराने लगे हैं
दूब चरते-चरते
किन्तु पेट नहीं भरे

पेट दबाकर
छँहाते गोरू
खन-खन उठते हैं
खन-खन बैठते हैं
पूँछ और कान फटकारकर
झटकार मूड़ी
पटककर पैर
बचने का प्रयास करते हैं
माछी, मच्छर और डँसी से

कोखा खलाये
पगहों से बँधे गोरू
टूटते हैं आँख मूँदकर
सूखे भूसा पर
ख़ली का छिछकारन
सूँघ-सूँघकर

जीभ से बगलियाते रहते हैं कूँटी
भूसे के बदले
सींगों का प्रयोग नहीं करते वे
दूध देते हैं
जोतते हैं
गाड़ी खींचते हैं
घर की परिवार की
देश की समाज की
छठे छमासे
जब ऊबता है कोई गोरू
तो बिना सोचे
पगहा तुड़ाकर भागता है
हुरपेटकर बनाना चाहता है साथी
एकाध और को

बँधे रहना
नधे रहना
दूध देना
मार सहना
कुछ न कहना
सोच लेंगे जिस दिन गोरू
तब कौन पगहा
बाँध पायेगा उन्हें
कौन काँजी हौद
घेर पायेगा उन्हें

या घारियाँ बन जायेंगी जंगल?

तुम्हारे लिए

छत्तीस वर्ष में
काटने लायक़ हो जाता है एक शीशम
छत्तीस वर्ष की उम्र में भी
मेरी कामनाएँ
यथावत् हैं
तुम्हारे लिए

चार वर्ष बाद
लग जायेगा चालीसा
सम्भव हैं
मेरी बेटी को भी
पैदा हो जाये बेटी
शीशम बन जाये
मेज़, कुर्सियाँ, पलंग, दरवाज़े या ईंधन,
फिर भी मेरी कामनाएँ
यथावत् रहेंगी
तुम्हारे लिए

पचास वर्ष में
सम्भव है :
हम-तुम न घुसें किसी सिनेमाघर में
सुषुप्त हो जायें हमारी उत्तेजनाएँ
पक जायें हमारे केश

हम लगने लगें
अपने-अपने वसन्तकाल के निगेटिव
फिर भी उज्जर यूरिया में छिपी हरियाली की तरह
हम पड़े रहेंगे
एक-दूसरे के भीतर

साठ वर्ष में
सम्भव है :
हम उठकर न दे सकें
एक-दूसरे को पानी
डूब जाये तुम्हारा सूरज
हमारा चन्द्रमा
फिर भी,
फिर भी मेरी कामनाएँ
यथावत् रहेंगी
तुम्हारे लिए

गोह

अद्भुत पकड़ है
गोह की
जिसे पकड़ पाती है वह
एक बार
मरियल से मरियल गोह भी
झटकने से झिनझिनाने से
या बलपूर्वक खींचने से
नहीं छोड़ती

जुग्गाती काई हो
या संगमरमर
फिसलन के विरुद्ध
मज़बूत पकड़ का
नाम है गोह

खलियायी गयी
गोह के चाम पर
छायी गयी खँजड़ी के ताल पर
लोग गाते हैं निर्गुन
समझाते हैं भौतिक जगत् की निस्सारता
जुटा लेते हैं अन्धभक्तों की भीड़

गोह के

चाम की
अल्पना को उलटकर
काठी पर
मढ़ दी जाती है
उसकी काया

खँजड़ी छाने वाले
निर्गुन गाने वाले
तेल पसाने वाले
साँप दिखाने वाले
के लिए ही
जन्मी है गोह

जब-जब मन होता है
कुर्रती है गोह
पेड़ के कोटर से
खन्दक के जुट्टे से
या जहाँ भी रहती है वहीं से
यह जानते हुए भी
कि उसकी बोली सुनकर
पकड़ लेंगे
उसके व्यापारी

गोह की जगह
दूसरा कोई होता
तो चुप ही रहता
मन होते हुए भी
नहीं बोलता
पकड़ लिये जाने के भय से

सूर्योदय तक

शाम को
तुम गये थे
सुबह ही
कुहरा पड़ा था

सफ़ेद अँधेरे में
कुछ सुझाई नहीं देता था

बाग़ में
पेड़ों की पत्तियों से
ओस की बूँदें
आँसू की तरह
चू रही थीं टपर-टपर
यहीं से
मैंने अनुमान लगाया
कि सूर्योदय
पूरब में हो रहा होगा कहीं
शायद गोरखपुर रामगढ़ ताल के तट पर

बताना
सूर्योदय वहीं होता है
कि उससे भी कहीं आगे

यह डाल

इससे भी नीचा होकर
जो नहीं चलेगा
वही
चोट खाकर
आहत हो जायेगा

यह डाल
पहले से ही
इतनी नीची है

धरती पर खड़े पेड़ की
धरती छोड़कर
आकाश में तनी
पहली शाखा है यह

यही सोचती हूँ अब

जब तक अद्धा टिकट लगना था
ख़ूब घूमी
गाड़ी में, बस में, नाव में, मन में

मैं बैठी रहती थी
मेरी बग़ल में दौड़ते रहते थे पेड़
नाचते थे पहाड़ मेरे आगे
आग या बर्फ़
दोनों गुनगुने लगते
आँधी पंखे-सी प्रतीत होती

किसी को हारते हुए देखकर हँसती थी
किसी को जीतते हुए देखकर डर जाती

जब से मैं
पूरे टिकट के योग्य हुई
तभी से नहीं कटा मेरा टिकट
तभी से नाच रही हूँ मैं
पहाड़ मुझे घेरकर खड़े हैं
साधन मुझे कुचलकर बढ़ जाते हैं आगे
लहूलुहान हो जाती हूँ

घोर करापवंचन का है यह समय
अब हमें
पैदल चलने का भी टिकट कटाना पड़ेगा

अर्थात् पहाड़

पानी पाकर
लोहे के औज़ार यदि पँहट देते हों
छेनी से काटने पर चिनगारी निकालने लगते हों
तो पत्थरों की ओर से
हम क्षमा माँगते हैं

नदी की धारा मोड़ने को
बीच में शिलाखण्ड यदि अड़ जाते हों
हर जगह से हटाने का प्रयत्न करने पर अकड़ जाते हों
तो पत्थरों की ओर से
हम क्षमा माँगते हैं

किसी क़िले की प्राचीर से यदि लुढ़क जाते हों
और जिन्हें कभी बैठने को कुर्सी न मिली हो
उनके लिए कुर्सी बन जाते हों
तो पत्थरों की ओर से
हम क्षमा माँगते हैं

किसी शिल्प में उतरने के लिए
हँस-हँसकर यदि कट जाते हों
किसी सिर पर गिरने के बजाय पीछे हट जाते हों
तो पत्थरों की ओर से
हम क्षमा माँगते हैं

इनके लिए यदि कोई खड़ा न होता हो
तो इनका सारा उलाहना हम लेते हैं
लिखिए, इन पत्थरों के अभिभावक हम हैं
हम अर्थात् पहाड़

चित्र लेना मना है

विमानों पर उड़ान भरने वाले श्रीमानो
खूँटियों पर दुनाली टाँगने के मनबढ़ो
ज़रा इधर आओ
मेरे पीछे-पीछे

गन्ने की कड़ी-कड़ी पत्तियों को
कण्ठ की ओर लपकी तलवार समझकर
पेड़ पर ठिठक रहे हो क्या?

इस झलरा बँहकटी के नीचे पड़ीं
ये खुरदुरी पपड़ी रेखाएँ
उन्हीं तलवारों की छिछोर हैं
इन खेतों को
हमने जब गोड़ा है
जब इनमें तेगे ही तेगे
तलवारें ही तलवारें थीं

हमारा काम-धाम, खान-पान, रहन-सहन
वेष-भूषा सब विचित्र है

हममें से
कुछ काठ की हाँड़ी चढ़ाते हैं
कुछ मिट्टी की, कुछ जस्ते की

कुछ केवल उत्तरीय पहनते हैं
कुछ केवल अधरीय
फटा हुआ सीते हैं
सिला हुआ फाड़ते हैं
ज़िन्दगी को गाड़ते हैं
मुर्दे उखाड़ते हैं

चित्र लेना मना है

प्रेमी सज्जनो

अपनी हथेली से अपने लिए हवा हाँक सकते हो
तो मेरी कामना करो

पसीने की गन्ध और तीखापन अच्छा लगता हो
तो मेरी कामना करो

कुछ सुखवाने की कामना हो
तो मेरी कामना करो

कोई पौधा लगाये हो
तो मेरी कामना करो

कामी कम हो
तो मेरी कामना करो

प्रेमी सज्जनो!
मेरा नाम चाँदनी नहीं
धूप है धूप

मारे पागलपन में

मारे भय के
काँपने लगे पेड़
कि इस ठिठुर भूखे जनपद में
जलाने के लिए
उन्हें ही काटा जायेगा

मारे ग्लानि के
गलने लगीं कुल्हाड़ियाँ
कि पेड़ों को काटने की हत्यारी
उन्हें ही लगेगी

मारे उन्माद के
तमकने लगा सूर्य
कि उतनी धरती को
वह अपनी भृकुटि से तपा देगा
जितने में
पेड़ की छाया थी

मारे पागलपन में
घुमड़ने लगे बादल
कि दसों दिशाओं से
सूर्य को हम
घेरेंगे

पंचतत्त्वो!

अपनी जड़ें मैं तुझमें गाड़ना चाहता हूँ
पृथ्वी, इसे क़ब्ज़ा मत मानना

अपनी शाखाएँ मैं तुझमें फैलाना चाहता हूँ
आकाश, मुझे विस्तारवादी मत मानना

तुम्हें अपनी जड़ों से मैं खींचना चाहता हूँ
पानी, इसे अपना शोषण मत मानना

चाहता हूँ
कि चिड़ियाँ मेरी डालों पर बैठकर चैन की साँस लें
हवा, मुझे पर्यावरण विरोधी मत मानना

अन्तत: अपनी लकड़ियाँ तुम्हारे हवाले कर दूँगा
आग, तुम इन्हें जला देना

यदि शरीर तुम्हीं से निर्मित हो
तो पंचतत्वो!
मेरी वाली ज़रूर करना

कैसे सधेगा

दूध का धोया
सुखाया चाँदनी में
एक सिलकन का अँगरखा था
मिला जीवन

रख न पाया
कभी सम से इसे
कभी कोई घट गया कोना
तो कभी बढ़ गया कोना
कभी सिकुड़ा
भूमि पर सूखते जल-सा

लग चुके अब तक
बीसियों टाँके, चकत्तियाँ दर्जनों इसमें
कभी अलसा गया
तो धागना ही छोड़ बैठा
फटा का फटा ही छोड़ा

हवा का तनगना चुप मारकर सहता रहा
बहता रहा, ढहता रहा
लुढ़कते हिमखण्ड-सा गलता रहा
भूमि पर सूखते जल-सा
जिसे कोई नहीं पीता, नहीं धोता

किधर से आना किधर को चले जाना, बेठिकाना
घाम में करना घमौनी, तेज़ बारिश में नहाना
दूसरों की सुने जाना और अपनी कहे जाना
रह न पाया कभी मनई की तरह
स्टार्ट इंजन-सा हमेशा दनदनाना

इसी घट-बढ़
इसी दुर्बलता
इसी वैषम्यता से
रह गया न काम का
घर का हुआ न घाट का

मेंढक तौलना चाहा
मिट्टी जलाना चाहा
सिलकन समकियाना चाहा

जन्म का बकलोल
मुझ अनाड़ी से
कैसे सधेगा
इतना सलीक़े का
व्यवस्थित काम

हेमन्त

कौन सी ऋतु है यह
मुँह से
शब्दों की जगह
भाप निकल रही है

लोग मुट्ठियाँ बाँधे हैं
कान तथा पैरों से
बहुत सतर्क हैं
भला, कौन सी ऋतु है यह?

कौन सी ऋतु है यह
कि ईंधन बहुत लग रहा है
और पानी बहुत कम
कहो तो, कौन सी ऋतु है यह?

कौन सी ऋतु है यह
कि भूनने, उबालने और छीलने की क्रियाएँ
प्रमुख हो उठी हैं
दिन छोटा हो रहा है
कौन सी ऋतु है यह

कि पल भर में
भोजन
पानी हो जा रहा है
और पानी हिमानी

अरे!
यह तो तुषारापात करने वाली
हेमन्त है!

मिट्टी के प्रकार

अपनी ओर की मिट्टी
चिकनी है—मटियार
बरसात में
चिपक जाती है पाँवों से
छुड़ाये नहीं छोड़ती—

तुम्हारे पाँव पकड़ती हूँ
मत जाओ मुझे छोड़कर
मुझमें एक मानी बीज डालोगे
तो भर दूँगी कोठार और बखार
कंकड़-पत्थर निकालकर साज दोगे
तो चाक पर चढ़ जाऊँगी
बर्तन बन जाऊँगी, दीया बन जाऊँगी
मूरति बन जाऊँगी

तुम्हारी ओर की मिट्टी
बलुई होगी-दोमट
नहीं चिपकती होगी पाँवों से
निस्संग रहती होगी
चुपचाप कहती होगी—
मत जाओ मुझे छोड़कर
लरिकासन के लिए मूँगफली उपजाऊँगी
समधियाने सौग़ात के लिए

मकई की बालियाँ और ककड़ी पकाऊँगी
तुम्हारी कामिनियों के बाल
चिकने, घने और लम्बे करने को
तिल की पत्तियाँ उगाऊँगी
रेह, साबुन और शैम्पू बन जाऊँगी

उनकी ओर की मिट्टी कछारी होगी
कुदाल चलाने पर
सिर तक उछलती होगी
और अपनी बैखरी वाणी में कहती होगी–

मत जाओ मुझे छोड़कर
गोरुओं के लिए चारागाह बन जाऊँगी
बिना राह की राह बनाऊँगी
ऊँच-खाल का ज्ञान कराऊँगी
गोरस पिलाऊँगी, गोधन बढ़ाऊँगी

उनकी ओर की कंकरीली पथरीली होगी
काली होगी, लाल होगी, भूरी रेतीली होगी
जब-तब कोंहाती होगी
जब-तब मोहाती होगी.
दिन में जाती होगी
रात में आती होगी
इस प्रकार मिट्टी के
नाना प्रकार
अपनी ओर की मिट्टी
चिकनी है–मटियार

अच्छा है तत्काल

कुछ चीज़ें
आदिकाल से हैं
और अनन्तकाल तक रहेंगी
लेकिन न कुछ कीं
न करेंगी
जैसे कि आकाश

कुछ चीज़ें
जन्मते ही
कर डालती हैं बहुत कुछ
और समाप्त भी हो जाती हैं तत्काल
जैसे कि आकाश की ही
गोद में जन्म लेने वाला बादल

बादलों में भी
कुछ बादल
कुछ नहीं करते
केवल आकाश में
बनाये रहते हैं
अपनी जगह
कभी बिखरी रेत जैसे
कभी धुनी रुई जैसे
कभी भैंसे जैसे

फैल-फैलकर
जगह बनाये रहने से
अच्छा है
बनी हुई जगह में
जन्म लेकर
तत्काल कुछ कर डालना

न रह पाता

कोई मुझे पुकारे
और मैं न जाऊँ
यह मुझसे नहीं हो पाता

जाऊँ तो
पुकारने का कारण पूछूँ
यह भी
मुझसे नहीं हो पाता

यह सब मुझसे हो पाता
तो जहाँ और जैसा हूँ
वहाँ और वैसा
न रह पाता

क्या बात है

सूरज की किरणें संक्षिप्त होने के साथ-साथ
धुँधलके की आहट से
आँवले की पत्तियाँ
एक होकर
पर्णवृन्तों से दुबक जाती हैं
क्या बात है

और सूरज की खुलती तिल्लियों के साथ
एक दिखने वाली पत्ती
प्रस्फुरित हो जाती है
पचासों पत्तियों की क़तार में
बात क्या है

जब भ्रमता हुआ सूरज
आकाश की कलाई में पहुँचता है
तो आँवले की पत्तियाँ
न्यूनकोण पर तन जाती हैं
पर्णवृन्तों से
क्यों?
रात की काली पट्टी मठारकर
चटक दुद्धी से
क्या लिखता है चन्द्रमा रात-रात भर?

पछिलहरा ढँपी
जब तक खुलती हैं सुरमई आँखें
असंख्य बर्फ़ीले तारे
संघनित हो जाते हैं
एक लाल गोले के रूप में
किसलिए?

पक्षी

पक्षी की चोंच
उनके हाथ हैं
हथियार हैं
धनकुट्टी हैं...
और सुधारस अधर

पक्षी के पंख
उनके परिधान हैं
उड़ान हैं
कवच और बरसाती

पक्षी के चंगुल
कुचालक हैं
हँसते, बतियाते, गप्प मारते
और अपनी बोली में गाते

नंगे विद्युत तारों पर बैठे पक्षी
अपनी मुट्ठियों में से
हज़ारों वाट बिजली
करते रहते हैं इधर से उधर
पक्षी के सम्बन्धी
पक्षी हैं
पेड़ हैं

नदियाँ हैं
आकाश है

पक्षी गायेंगे
प्यार करेंगे
लड़ जायेंगे
उड़ जायेंगे

क्या करेगा इनका कोई
पक्षी घोषित दिवालिये हैं

पिता

बोझ को
बाँधने की कला
पिता जानते थे
समुद्र में
सत्तू सानने की कला
पिता जानते थे

पशु को
वश में करने की कला
पिता जानते थे
चलनी से
पानी भरने की कला
पिता जानते थे

खेत में
बीज बोने की कला
पिता जानते थे
अकाल में
बादल होने की कला
पिता जानते थे

अँजोर में
छिपे रहने की कला

पिता जानते थे
अन्हियार में
दिपे रहने की कला
पिता जानते थे

प्राय: चुप रहने वाले पिता
अच्छे लोकगायक थे
पिता माँ के नायक थे

वे कहाँ गये थे

जब चटख जाने पर खेत बोना पड़ा
सबके आगे बेपानी होना पड़ा
विदाई के दिन बहन को
उनकी जगह खम्हियाँ पकड़कर रोना पड़ा
वे किस ननिअउरे फुफुअउरे गये थे

जब शाम को भिगोयी गयी उड़द की धोइया
सुबह अनपीसी रह गयी
पेन्हायी एकहत्थी भैंस लात उठाकर छटक गयी
वे किस दूध के दोने पर गये थे

जब खेतों के पौधे मुँह उठाकर घरों की ओर ताक रहे थे
एक-एक अपलक्षी उनकी प्रियाओं के आगे नायकी हाँक रहे थे
क्षुधातुर भाई-बन्धु बालू फाँक रहे थे
वे कौन सा समर जीतने गये थे

धरती को बम से बचाने के लिए जब पहाड़ियाँ झुक आयी थीं
हवा की सिसकारी पाकर मधुमक्खियाँ क्रोध से उधिरायी थीं
छोटी-छोटी चींटियाँ तक मरने-जीने पर उतर आयी थीं
वे किसकी हत्या करने गये थे

आज शाम को
जब उनके आगे थाली में

बिना हल्दी की दाल
बिना तेल की तरकारी
और पानी का गिलास हो
तो उनसे पूछना कि वे कहाँ गये थे

अतिथि

मत धुलो
मत छुओ
छोड़ दो उच्छिष्ट बर्तन वहीं पर
मत करो लज्जित मुझे पाहुन
लौंग का यह फूल थामो, विराजो

वहाँ नहीं
यहाँ बैठो
इस पर
तुमसे बड़ा
और कौन पधारेगा
हमारे घर

बड़ा मन था
साध थी
इस लिपे चौके पर
गिरें जूठन तुम्हारी
उसे बीनूँ, उठाऊँ
पर यह नमक-रोटी...

आज अग्राशन गऊ का प्रथम
निकला है
राउर हाथ से
धन्यभाग हमारे

मोहवश कैसे कहूँ
कि यहीं बस जाओ
सजे होंगे जबकि चारों ओर वन्दनवार
स्वागत में तुम्हारे

जाओ विदा!
ध्यान रखना
रात में चलना
दिन भर कहीं आराम करना तरुतले
क्योंकि अब
अनपेक्षित सरासर दिन में घटता है

पर लौटने का
वचन दो
कि फिर पधारोगे कभी
इस कुटी में
नमक-रोटी के लिए

चिड़िया

एक छोटी-सी चिड़िया
प्यासी हुई
उड़कर आती है
नदी से
दो बूँद पानी पीकर
नदी के
बराबर हो जाती है

जितनी दूर तक
बहती है
लम्बी-चौड़ी नदी
कई-कई दिनों में
उससे बहुत दूर
कुछ ही पलों में
धाड़् आती है चिड़िया
और लौट आती है
अपने घोंसले में

चिड़िया का घोंसला
कोई ब्रह्मा का
कमण्डल तो है नहीं
कि उसमें समा जाये
पूरी की पूरी नदी

चिड़िया को तो चाहिए
सिर्फ़ उसकी प्यास का पानी
और उड़ने भर को आकाश

कुसुमी जंगल

कुसुमी जंगल
तुझमें दावानल लग जाये
और तू जल जा!

लेकिन,
भीतर ही भीतर
इतना खोखला हो चुका है तू
तुम्हारे एक पेड़ से
दूसरे पेड़ की दूरी
बढ़ चुकी है इतनी
कि हवा क्या
आँधी चलने पर भी
नहीं छू पाते वे
अब एक-दूसरे को

कहाँ गये
तुम्हारे पिंहकते और नाचते
मोरों के झरते पंख
तुम्हारे बड़े-बड़े पेड़ों की
बल्लियों पर
शामियाने की तरह तने रहने वाले
मटमैले बादल कहाँ गये?

प्रतिध्वनियाँ गुँजाते

बिना राह की राह बनाते चरवाहे
अब क्या कर रहे हैं कुसुमी?

तुम्हारे पत्ते
गोरखपुर बस स्टेशन की
दुकानों पर
समोसे खाकर
फेंक दिये जाते हैं
अब बिकने लगे हो क्या?
जंगल से शहर जाकर
कैसा अनुभव करते हो कुसुमी?

हवा,
हे हवा !
उधर से जाना
तो कुसुमी की रगों में से
बहती हुई जाना
वहाँ बड़ी उमस होगी
परिन्दों से पूछ लेना
होगी कि नहीं?

लेकिन दावानल नहीं लग सकता
कुसुमी में
वह जल नहीं सकता अब
किसी की भी आह से
उसके एक पेड़ से
दूसरे पेड़ की
दूरी इतनी बढ़ चुकी है

यह अभिशाप नहीं हैं, बन्धु
कलेजे का दहन है

सन्तोषा

पाँच-सात साल की लड़की
नाम पड़ा है–सन्तोषा

एक बेटे की आशा में
लगातार शादियाँ
और आठ बेटियाँ पैदा करता रहा
सन्तोषा का बाप

सन्तोषा के गर्भ में रहते ही
उसके पैंसठसाला पिता ने
ओढ़ ली
कभी न उठने वाली चादर
नहीं तो
सौरी में ही नमक चटा देता सन्तोषा को

तुम हमेशा
चार साल की ही
नहीं रह सकती थी क्या सन्तोषा
क्यों बढ़ाती जा रही हो हर साल
अपनी उम्र?

बोलती हो तो चिल्लाकर
जैसे बाक़ी दुनिया को गूँगा समझती हो क्या

चलती हो तो दौड़ती-कूदती हुई
जैसे बाक़ी दुनिया को पंगु समझती हो क्या
देखती हो तो घूरती हुई
जैसे बाक़ी दुनिया को अन्धा समझती हो क्या

बिना नगण-सगण पढ़े
छन्दों में रहना चाहोगी
तो लोग तुम्हें कठपुतली की तरह नचाना चाहेंगे, सन्तोषा

चाहे चार से कम ही रोटियाँ खाओ
लेकिन बिना गिनी हुई रोटियाँ खाना चाहोगी
तो लोग तुम्हारी देह पर खेती करना चाहेंगे, सन्तोषा

बिना कवच पहने
जिसे भी भाई-चाचा मानकर साथ रहना चाहोगी
वही तुम्हें माँ बना देना चाहेगा, सन्तोषा

अरे, अरे सन्तोषा!
दूसरे की झुलाती हुई बैगी पर
इतना मत इतराओ
मान जाओ
ऐसे ही घूमती रहोगी बेफ़िक्र
तो किसी भी झाड़ी
या किसी भी घर से निकलकर
झपट सकता है कोई भेड़िया

इससे भरसक
बचकर रहना
सन्तोषा बहना!

लेकिन हमें

हमें भले ही पसीने में नहाना पड़े
लेकिन किसी को अंगराग न लगाना पड़े

हमें आधा खाना पड़े, आधा सोना पड़े, आधा पहनना पड़े
लेकिन हमें किसी के राज में न रहना पड़े

हमें भले ही दूसरों के जूते मरम्मत और पालिश करना पड़े
लेकिन हमें किसी को जूते पहनाना न पड़े

हमें भले फलों के बारे में ज्ञान कम हो
लेकिन हमें आम को इमली और इमली को आम न कहना पड़े

हमें होंठ सी लेने पड़ें, आँखों से बोलना पड़े और
त्वचा से साँस लेनी पड़े
लेकिन तुम्हारे प्यार के विरुद्ध कभी मुँह न खोलना पड़े

वह दिन भी आयेगा

लोग देख रहे हैं
ओस की बूँदों को
जान रहे हैं
कि ये रात भर रोये
आकाश के आँसू हैं
फिर भी
इन्हें लतियाकर चल रहे हैं

ठीक है
समय बराबर नहीं रहता
ऋतु बदलेगी
और वह दिन भी आयेगा
जब-जब त्राहि-त्राहि मचेगी
लेकिन कोई
आकाश की आँखों में
एक बूँद भी आँसू
नहीं पायेगा

□□